©2019 Annrose Niem. Herausgeber: Stadtmuseum Quakenbrück e.V.
Herstellung und Verlag: BoD-Books on Demand, Norderstedt
ISBN: 978-3748-14448-9

Annrose Niem

Wanderung von Knossos zur Zeusgrotte

Platons „Gesetze"

Vorwort

Mit diesem elften populärwissenschaftlichen Vortrag, den ich am 21.2.2019 vor dem Förderverein des Quakenbrücker Stadtmuseums halten will, soll die Reihe meiner Vorträge zur Antike enden.

Zum fünften Mal steht der griechische Philosoph Platon im Mittelpunkt, diesmal mit seinem letzten Werk, den *Gesetzen*: Darin entwirft er wieder einen Staat, in dem es nicht zum Todesurteil gegen seinen Lehrer Sokrates hätte kommen können. Dieser Staat ist realistischer geplant als der erste, den er davor in seinem *Staat* beschrieben hatte. Aber auch er fußt auf Gesetzen, die in ihrem Ursprung auf einen Gott zurückzuführen sind.

Besonderes Augenmerk legt Platon darauf zu zeigen, dass jede Unrechtstat letztendlich darauf zurückzuführen ist, dass der Täter den Respekt gegenüber allem Göttlichen verloren hat. Damit zeigt er gleichzeitig, dass sein Lehrer Sokrates 399 vor Christus völlig zu Unrecht wegen Asebie angeklagt worden ist.

Quakenbrück, im Februar 2019   Annrose Niem

Von den zehn Vorträgen, die ich inzwischen hier vor Ihnen gehalten habe, hatten vier den griechischen Philosophen Platon (427-347 v. Chr.) zum Thema. Begonnen hatte ich mit der sagenhaften Insel Atlantis, die binnen eines Tages auf mysteriöse Weise verschwand und von der uns Platon in seinen Werken *Timaios* und *Kritias* berichtet. Dann stand Sokrates im Mittelpunkt, dessen ungerechte Hinrichtung im Jahre 399 v. Chr. dem Leben Platons eine ganz andere Richtung gab und den er in den meisten seiner etwa 30 Dialoge zum Gesprächsführer machte. Diesen Sokrates sahen wir dann in Platons *Staat* und in seinem *Symposion* in eindrucksvoller Aktion. Heute möchte ich Ihnen nun Platons letzten Dialog, *Die Gesetze*, vorstellen. Er besteht aus 12 Büchern und ist sein längstes Werk.

Drei alte Herren, ein Spartaner, ein Athener und der kretische Gastgeber, treten die lange Wanderung von der kretischen Stadt Knossos zu der Grotte an, in der einst der höchste griechische Gott, Zeus, geboren worden sein soll. Es herrscht hochsommerliche Hitze, und die drei nehmen sich vor, zwischendurch immer wieder im Schatten hoher Zypressen auf lauschigen Wiesen Rast zu machen. Ganz gemächlich wollen sie also den Weg zurücklegen; denn der Athener hatte gleich zu Beginn ein Gespräch über Staatsverfassungen und Gesetze angeregt, über ein Thema also, für das man viel Zeit brauchen würde.

Eröffnet hatte der Athener dieses Gespräch mit der Frage, ob denn Gesetzgebung auf einen Gott oder einen Menschen zurückgehe. Die beiden Gesprächspartner hatten darauf wie aus einem Munde geantwortet, dass sie natürlich auf einen Gott zurückzuführen sei, und zwar die kretische Gesetzgebung auf Zeus, die spartanische auf Apollon.

Bevor wir jedoch dem Gespräch der drei Alten folgen, soll einiges zu Personen und Ort der Handlung gesagt werden: Sie sind, wie es für Platon typisch ist, nicht zufällig gewählt. Kreta galt als das „mythische Urland griechischer Gesetzgebung" (Friedländer); denn der sagenhafte kretische König Minos hatte als Inbegriff eines gerechten Herrschers gegolten und war deshalb später zu einem der drei Unterweltrichter avanciert. Er soll sogar in grauer Vorzeit denselben Weg angetreten haben, den die drei Alten bei Platon jetzt gehen wollen.

Auch die drei Personen sind nicht zufällig gewählt: Dass der Gastgeber Kreter ist, hängt natürlich mit der Wichtigkeit der Insel für das Thema zusammen. Die Kreter leiteten sich wie die Spartaner vom dorischen Volksstamm her. So hatten sie eine ähnliche Gesetzgebung wie die Spartaner. Dass Platons Wahl auf einen Spartaner und einen Athener gefallen ist, hat damit zu tun, dass Sparta und Athen seinerzeit die wichtigsten, aber auch gegensätzlichsten Staaten in Griechenland waren.

Uns ist das Fremdwort „spartanisch" geläufig, was heute so viel bedeutet wie „genügsam" oder „karg".

Das rührt daher, dass die Spartaner, seitdem sie die Halbinsel Peloponnes besiedelt hatten und sich gegen die dortige Urbevölkerung immer wieder durchsetzen mussten, ständig auf Verteidigung ausgerichtet waren: Von Kindesbeinen an wurde eine militärische Auslese getroffen, die sogar so weit führte, schwächliche Säuglinge erbarmungslos auszusetzen. Vom 20. Lebensjahr an hatte jeder Spartaner an gemeinsamen Mahlzeiten teilzunehmen, den sog. *Syssitien*, wo ihm jeglicher Hang zum Luxus ausgetrieben wurde. Alles wurde der militärischen Disziplin untergeordnet.

Ganz anders dagegen Athen: Dort führte man ein viel freizügigeres Leben. Das hatte ein beispielloses kulturelles Aufblühen zur Folge: Theater, Literatur, Philosophie entstanden hier, und auch die ionischen Naturwissenschaften fanden in Athen mündliche und schriftliche Verbreitung. In Platons *Gesetzen* bringt der Athener den Unterschied der beiden Lebensweisen auf den Punkt, indem er den spartanischen und kretischen *Syssitien* die athenischen *Symposien* gegenüberstellt, bei denen mit Weingenuss verbundene urbane Geselligkeit geübt wurde. Diese Praxis galt für seine Gesprächspartner wiederum als Inbegriff der Amoralität.

Als der Athener nun zu Beginn nach Ziel und Zweck kretischer und spartanischer Institutionen fragt, ist die einhellige Antwort beider Mitwanderer also nicht verwunderlich, sie seien dazu da, ständige Kriegsbereitschaft zu gewährleisten. So sei man in der Lage, sich als

Sieger über äußere Feinde zu erweisen und sein Eigentum zu verteidigen oder sogar zu vermehren.

Der Athener entgegnet, dass Krieg nicht das Ziel einer Verfassung sein dürfe. Denn Gesetze sollten diejenigen, die sie befolgten, glücklich machen, indem sie ihnen den Erwerb menschlicher Güter (z.B. Reichtum, Gesundheit, Ansehen) ermöglichten. Diese seien aber nur dann Güter zu nennen, wenn sie eine Verbindung mit den göttlichen Gütern, den Tugenden Weisheit, Besonnenheit, Gerechtigkeit und Tapferkeit eingingen. Der Gesetzgeber müsse die Menschen darüber belehren, dass die gesetzlichen Anordnungen den Zweck hätten, diese Güter zu erlangen. Die Erziehung müsse sich von frühster Jugend bis ins hohe Alter hierauf erstrecken und alle Situationen des menschlichen Lebens einbeziehen. Es gehe also nicht um einen Sieg an sich – wie seine Gesprächspartner meinten –, sondern um einen Sieg des Guten über das Schlechte, so wie es auch bei jedem einzelnen Menschen darauf ankomme, das Schlechte in sich selbst zu besiegen. Dazu bedürfe es vor allem der Vernunft, die in der Werteskala der gerade genannten göttlichen Güter wichtiger sei als die Tapferkeit.

Die beiden Gesprächspartner sehen sich nun in einer Zwickmühle: Wie kann ihre doch auf einen Gott zurückgehende heimische Gesetzgebung ein falsches Ziel anstreben? Der Athener stellt sofort klar, dass man diesen Irrtum nicht dem Gott anlasten dürfe, sondern einer Fehlinterpretation von Menschen.

Dem Dilemma will man nun zu dritt auf den Grund gehen, doch vorher muss sichergestellt werden, dass das Gespräch nicht in einem besserwisserischen Streit, sondern in aller Offenheit geführt werden soll, mit dem Ziel, gemeinsam eine Lösung zu finden. Sie seien ja unter sich, und kein Zuhörer könne ihnen eine eventuell nötig werdende Kritik an ihren Staatsverfassungen verübeln.

Damit im einzelnen Menschen und auch im Staat das Gute über das Schlechte siegen kann, bedarf es einer Erziehung. Wie man sich diese vorstellen müsse, macht der Athener an einem einprägsamen Bild, einem Mythos, deutlich: Jeder Mensch ist eine Marionette, ein Spielzeug Gottes. Unklar ist, ob sie für ihn nur ein Spielzeug ist oder ob er sie zu einem ernsten Zweck gemacht hat. Das wissen wir nicht; was wir aber wissen, ist, dass wir von widersprüchlichen Empfindungen und Gefühlen wie an Schnüren und Drähten hin und her gezogen werden – bis an den Scheidepunkt von Gut und Böse. Die Vernunft sagt, dass man dem weichen goldenen Draht der Überlegung folgen müsse. Diese sei das Gesetz. Da aber alle anderen Drähte in ihrer Festigkeit und Starrheit kräftiger sind als der goldene, müsse man diesen helfend unterstützen (645 a5 ff.).

Nun können aber die Ansichten über Schön und Hässlich, Gut und Böse in den verschiedenen Altersstufen auseinandergehen; daher ist es besonders wichtig, die Erziehung in erfahrene Hände zu legen. Sie muss altersgemäß sein und muss schon von Jugend an zu dem lenken, was durch das Gesetz für richtig erklärt wird. Von Anfang an muss man lernen, dass gerechtes Handeln immer seinen Lohn finden wird und schließlich glücklich macht. Deshalb sollte man so erziehen, dass man von vornherein Gerechtigkeit mit Annehmlichkeit verknüpft. Denn es möchte jeder sein Leben lieber in Fröhlichkeit als in Traurigkeit verbringen.

Der Athener will seine Gefährten davon überzeugen, dass das von ihm umrissene Ziel ursprünglich auch das Ziel der spartanischen Verfassung gewesen ist; deshalb geht er bis in die Vorzeit zurück: Die dorischen Stämme hätten einst eine große Verteidigungsgemeinschaft gebildet, die neben Sparta auch Argos und Messenien umfasst habe. Vereint hätten sie damals der assyrischen Macht trotzen können, dagegen seien in den späteren Perserkriegen nur noch die Spartaner den Athenern zu Hilfe gekommen, um die persische Großmacht zu besiegen.

Wie kann man sich nun erklären, dass die beiden anderen Staaten heruntergekommen, Sparta aber als einziger stark geblieben ist? Die damaligen spartanischen Gesetzgeber seien sich sehr wohl dessen bewusst gewesen, dass neben Tapferkeit auch die übrigen Tugenden von großer Bedeutung sind. So hätten sie auch gewusst, dass Einsicht und Wollen des Menschen oft in großem Gegensatz zueinander stehen könnten. Das falle in einem Staat besonders bei den Herrschenden ins Gewicht.

Aus dieser Einsicht heraus – oder wie Platon sagt: durch die Fürsorge eines Gottes – hätten sie die Macht des Königtums beschränkt und dem König einen zweiten König sowie den Rat der Alten und sechs hohe Beamte, die Ephoren, an die Seite gestellt. Auf diese Weise sei eine Mischverfassung entstanden, die die Vorteile von Monarchie und Demokratie in sich vereine. Diese beiden Staatsverfassungen seien nämlich die *Mütter der Verfassungen*, beide könnten nicht leicht das richtige Maß einhalten: Die Monarchie tendiere zu übermäßigem Zwang, die Demokratie zu übermäßiger Freiheit, also zu Zügellosigkeit.

An dieser Stelle fragt der Athener, welche Lehren man aus dem bisher Besprochenen ziehen könnte. Da bekennt der Kreter, dass er von der Stadt Knossos gerade jetzt damit beauftragt worden sei, für eine neue Kolonie Gesetze zusammenzustellen. Dazu solle er die schon bestehenden kretischen und auch fremde Gesetze heranziehen. Er schlage deshalb vor, mit Hilfe des eben Besprochenen Gesetze für einen neuen Staat zu entwerfen.

Nachdem der Athener mögliche Bedingungen, die sich für das konkrete Unternehmen des Kreters ergeben, mit seinen Weggefährten diskutiert hat, kommt er zu dem Schluss, dass ein Gesetzgeber immer auf Verhältnisse trifft, die sich entweder durch Zufall oder durch göttliches Einwirken so ergeben haben. Der Idealfall wäre, dass er auf einen jungen, vernünftigen und dynamischen Einzelherrscher träfe, durch den seine Gesetze am besten durchzusetzen wären. Das Zweitbeste wäre ein Staat mit zwei Königen, wie er derzeit in Sparta existiere. Den dritten Platz nehme die Demokratie ein. Mit dem letzten

Platz müsse sich die Oligarchie, also die gleichberechtigte Herrschaft von mehreren, begnügen: Hier komme es nämlich zu den meisten Interessenkonflikten.

Der Athener fragt nun seine Weggefährten, welche Verfassung sie für den neu zu gründenden Staat bevorzugten; doch sie sind ratlos; denn sie können nicht einmal die Verfassungen in ihren eigenen Staaten benennen. Schließlich stimmt man darin überein, dass es in jedem Staat Herrschende und Beherrschte geben müsse und dass alle Verfassungen nach den jeweils Herrschenden benannt würden. In ihrem Fall sei es nun das Beste, den Staat nach dem Gott zu benennen, *der in Wahrheit über die Verständigen herrsche* (713a3). Das aber muss der Athener nicht nur seinen Weggenossen, sondern auch uns erklären.

Wieder bemüht er für das nur schwer Erklärbare einen Mythos: Die Zeit, in der der Vater des Zeus, Kronos, geherrscht habe, soll für die Menschheit besonders glücklich gewesen sein. Er habe nämlich als Herrscher über die Menschen nicht Menschen, sondern Halbgötter, Dämonen, eingesetzt – so wie man ja auch Viehherden von keinem Tier, sondern von Menschen weiden lasse. Das habe bei den beherrschten Menschen zu Frieden, zu sittlicher Scheu und zu Gerechtigkeit geführt, wodurch sie glücklich wurden.

Wie das der Athener auf seine Gegenwart überträgt, sollen Sie zunächst aus einem wörtlichen Zitat erfahren (713e3 – 714a):

Für alle Staaten, deren Herrscher nicht ein Gott, sondern ein Sterblicher ist, gibt es keine Möglichkeit, Leiden und Mühen zu entfliehen; wir müssen auf jede Weise vielmehr das Leben, welches unter Kronos geherrscht haben soll, nachahmen und dem Unsterblichen in uns, soviel davon in uns ist, in der Verwaltung von privaten und öffentlichen Angelegenheiten ... Folge leisten und die Satzungen der Vernunft zu Gesetzen erheben.

Bei jeder Art menschlicher Herrschaft würde es Gesetze geben, die dem jeweils Stärkeren nützten. Ständig wäre man darauf bedacht, dass nur kein anderer an die Macht käme und die Verhältnisse umkehrte. So blieben Recht und Gesetzlichkeit auf der Strecke. In diesen Fällen sollte man deshalb nicht von Gesetzen, sondern von Parteisatzungen sprechen. Es folge daraus, dass man niemandem wegen eines äußerlichen Vorzugs die Herrschaft zusprechen dürfe. Nur der sollte sie bekommen, der auch der beste Diener des Gesetzes sei. Denn wer sich zum Sklaven der Gesetze mache, unterwerfe sich damit der von Gott gewollten Gerechtigkeit. Er sollte sich darum bemühen, selbst dem Gott möglichst ähnlich zu werden und ihn so zum Maß aller Dinge zu machen.

Doch wie sollten nun diese Gott gefälligen Gesetze aussehen? Der Athener schlägt eine Reihenfolge vor, in der die einzelnen Dienste geregelt werden sollten: Am wichtigsten ist der Dienst an den Göttern ihrer Rangfolge nach; es folgt der Dienst an den Eltern, dann der an den Kindern, an Verwandten, an Freunden, an Fremden. Wie aber sollte das alles vom Gesetzgeber geregelt werden?

Der Athener zieht den Vergleich von zwei Arzttypen heran:

Der eine Arzt handelt wie ein Sklave, indem er dem Kranken ohne Wenn und Aber das verordnet, was er von seinem Herrn angenommen oder abgeguckt hat. Der andere dringt in die Natur der Sache ein, so wie er es auch von seinen Eltern gelernt hat und dann seinen Kindern weitergibt. Er erkundigt sich bei dem Kranken nach dem Ursprung seines Leidens und lernt dabei auch selbst etwas dazu. Arzneimittel verordnet er erst dann, wenn er den Patienten vorher zu ihrer Einnahme bereit gemacht hat.

Allen Gesprächspartnern wird klar, dass man nach dem Vorbild des zweiten Arzttyps den Bürgern die Gesetze verständlich machen muss. So kommt man überein, sowohl dem gesamten Gesetzeswerk als auch den einzelnen Gesetzen Vorworte, Proömien, voranzustellen.

An dieser Stelle sind die drei Wanderer an einem schönen Rastplatz angelangt. Sie werden sich dessen bewusst, dass sie sich bisher nur über Gesetze unterhalten haben. Deshalb fordert der Kreter den Athener auf, nun mit der eigentlichen Gesetzgebung zu beginnen. So kann man jetzt rückblickend alles bisher Gesagte als Vorwort für das folgende Gesetzeswerk bezeichnen. Doch mit diesem Vorwort ist der Athener noch nicht ganz fertig; denn er will vor der Formulierung einzelner Gesetze noch einmal auf Erziehung und Bildung eingehen.

Der wertvollste Teil des Menschen ist seine Seele. Ihr muss man beibringen, stets dem Besseren zu folgen und somit die Gesetze einzuhalten. Den Kindern müssen das die Eltern vorleben. Sie müssen von Anfang an lernen, dass derjenige mehr zu ehren ist, der sich an die Gesetze hält, als der, der sich in kriegerischen oder sportlichen Wettkämpfen hervortut. Wahrhaftigkeit und Aufrichtigkeit (ἀλήθεια) ist vor Göttern und Menschen das wichtigste Gut. Wer in der Lüge lebt, wird spätestens im Alter von allen Freunden verlassen sein. Doch der Blick der meisten Menschen ist durch Selbstliebe getrübt. Sie halten sich für unfehlbar, anstatt lieber anderen, die etwas besser wissen und können, nachzueifern.

Der Athener versucht nun nachzuweisen, dass ein maßvolles und gesetzestreues Leben nicht nur nach außen einen besseren Anschein hat, sondern auch einem selbst die meiste Erfüllung bringt. Er folgert daraus, dass es nur auf Unwissenheit beruhen kann, wenn jemand trotzdem ein zügelloses Leben führt und Unrecht tut. Daraus folgt: Niemand, der Unrecht tut, tut es absichtlich:

Dieser Satz ist uns schon aus Platons erstem Werk, seiner *Apologie des Sokrates*, bekannt. Dort gestaltet Platon die Verteidigungsrede seines Lehrers Sokrates vor dem athenischen Gericht nach. Denn Sokrates war im Jahre 399 v. Chr. vor allen Dingen deshalb zum Tode verurteilt worden, weil man ihm vorwarf, nicht an die Götter zu glauben, die im athenischen Staat verehrt wurden. Man bezeichnete dieses sein vermeintliches Verbrechen mit dem Wort *Asebie*, Frevel gegen die Götter. Das hatte den damals etwa zwanzigjährigen Platon, der selbst bei der Gerichtsverhandlung zugegen war, derart erschüttert, dass er sein ganzes weiteres Leben der Philosophie widmete. Denn er selbst hatte seinen Lehrer als gottesfürchtigen Menschen erlebt und wollte diesen himmelschreienden „Justizirrtum" mit allen Kräften richtigstellen. Und so wollen wir uns fürs Erste aus dem Gespräch der drei Wanderer ausblenden und zurückblicken.

In seiner *Apologie* führt uns Platon vor Augen, dass der Asebievorwurf gegen Sokrates in keiner Weise mit seinem Verhalten in Einklang gebracht werden kann. Gleichzeitig rückt er in diesem Werk die damalige korrupte Gerichtsbarkeit ins Blickfeld. Dort hatten die das Sagen, die von den Sophisten darüber belehrt worden waren, wie man aus Schwarz Weiß machen und wie man Unrecht in Recht verwandeln kann. Platon hat die Verteidigungsrede des Sokrates so gestaltet, dass man als Leser sehr wohl verstehen kann, dass Richter und Angeklagter etwas völlig Verschiedenes unter Götterglauben und damit auch unter *Asebie* verstanden haben müssen. Denn aus der Rede des Sokrates und seinem Verhalten vor Gericht geht eindeutig hervor, dass er in all seinem Reden und Tun den Gott von Delphi als Maß aller Dinge angesehen hat.

Einer seiner Schüler hatte nämlich beim Orakel von Delphi angefragt, wer der Weiseste unter den Menschen sei, und zur Antwort erhalten, das sei Sokrates. Da dieser aber selbst glaubte, nichts zu wissen, hatte er es von da an als seine Lebensaufgabe angesehen, den Spruch des Gottes zu verstehen; denn das, was der Gott verkündet hatte, musste ja wahr sein. Sokrates wollte herausbekommen, ob der Gott damit vielleicht sagen wollte, dass es auf menschlicher Ebene keine Weisheit gebe, die Weisheit also der Gottheit vorbehalten bleibe. So befragte er jeden, der von sich behauptete, ein bestimmtes Wissen zu haben, so lange, bis dieser an diesem Wissen zu zweifeln beginnen musste. Damit machte er sich bei all denen unbeliebt, die von ihrem eigenen Wissen überzeugt waren.

Platon gelingt es meisterhaft, dem Leser die Verschiebung der Proportionen vor Augen zu führen; denn nach seiner Überzeugung müsste man den Richtern, die Sokrates zum Tode verurteilt hatten, Religionsfrevel vorwerfen, verurteilten sie doch einen Menschen, der seine Lebensaufgabe in der konsequenten Erfüllung eines göttlichen Auftrages sah. Diese Diskrepanz ist nur so zu erklären, dass hier unterschiedliche Auffassungen von Religiosität aufeinandertreffen.

Das ist auch Sokrates selbst bewusst gewesen; denn er fragt die Richter nach seiner Verurteilung, ob er nach ihrer Meinung sein „Vergehen" absichtlich begangen habe. Wenn das so wäre, bedürfe er keiner Bestrafung, sondern einer Belehrung. Da aber die Zeit bis zu seinem Tode nur noch sehr kurz sei, werde er die Richter, die ihn zum Tod verurteilt hätten, nicht mehr davon überzeugen können, dass niemand absichtlich ein Unrecht begehe.

Das Todesurteil gegen Sokrates war auch der Anlass zur Entstehung von Platons Werk *Der Staat*. Dort entwirft er einen neuen Staat, in dem ein solches Urteil nicht gefällt worden wäre. Hauptforderung ist, dass der Herrscher ein Philosoph sein müsse, aber nicht ein solcher, wie man ihn zu Platons Zeit kannte. Ein Philosoph ganz anderer Art musste es sein, dessen viele Jahre dauernde Ausbildung uns Platon in seinem *Staat* genau beschreibt. Auf dem Höhepunkt dieser Beschreibung fügt er das sogenannte Höhlengleichnis ein, an dem man auch heute noch am besten erklären kann, was Platon unter einem wahren Philosophen verstand:

Menschen leben in einer Höhle. Sie sitzen dort von Kindheit an, mit dem Rücken zum Eingang, der sich über die gesamte Breite erstreckt. An Hals und Schenkeln sind sie gefesselt, so dass sie nur in die Richtung der vor ihnen liegenden Wand sehen können. Lichtquelle ist ein im Eingangsbereich brennendes Feuer. Zwischen diesem Feuer und den Gefesselten ist eine Mauer gezogen, hinter der Menschen laufen. Sie tragen Figuren und Gegenstände in allen möglichen Formen mit sich. Diese ragen über den Mauerrand hinaus, so dass die Höhlenbewohner ihre Schatten vor sich an der Wand sehen können. Diese bewegen sich und scheinen sogar Laute von sich zu geben, wenn durch ein Echo das Gespräch der Vorübergehenden zurückgeworfen wird. Die Schatten und diese Laute sind das Einzige, was die Höhlenbewohner wahrnehmen können; denn sie können sich ja nicht umsehen.

Platon spielt nun den Fall durch, dass einer von ihnen irgendwie befreit würde. Wenn er nun gezwungen wäre, sich umzudrehen und dem Höhlenausgang zuzustreben, würde ihn zuerst das Licht des Feuers innerhalb der Höhle blenden, weil er gezwungen wäre, unvermittelt hineinzusehen. Wenn er dann versuchen würde, zu beschreiben, was er nun sähe, wäre er wegen seines Geblendetseins außerstande, die Dinge zu beurteilen, die in der Höhle selbst vor sich gingen.

Wenn er nun auch noch dazu gebracht würde, den am hinteren Ende der Höhle steil nach oben führenden rauen Pfad hinaufzusteigen, dann wäre er draußen vom Sonnenlicht noch mehr geblendet. Nach und nach nähme er hier zuerst die Schatten und die Spiegelung der oberen Welt im Wasser wahr; dann sähe er Gegenstände und Lebewesen, später zunächst bei Nacht die Gestirne und ganz zuletzt bei Tag die Sonne selbst. Und bald würde er erkennen, dass sie es ist, die die Jahreszeiten beherrscht und überhaupt Ausgangspunkt alles Guten ist.

Jetzt würde ihm sicher klar, dass sein bisheriges Leben in der Höhle im Gegensatz zu diesem neuen wertlos gewesen ist. Wenn er trotzdem aus Erbarmen mit seinen früheren Mitbewohnern wieder in die Höhle zurückkehren würde, um auch sie von der Unwürdigkeit ihres Lebens zu überzeugen, dann würde er erst recht verlacht; denn bei seiner Rückkehr wäre er noch so stark von dem wahren Licht geblendet, dass er die Fähigkeit verloren hätte, mit den anderen über die Schatten an der Wand zu debattieren, während sie es inzwischen darin zu wahrer

Meisterschaft gebracht hätten. Wenn er aber Anstalten machte, auch sie zu befreien, würden sie sich wehren und ihn, wenn sie seiner habhaft würden, am liebsten umbringen.

Besonders mit dem Letzten hat uns Platon deutlich gemacht, dass es Sokrates war, dessen Seele irgendjemand aus dem Höhlengefängnis erlöst haben muss. So wie ihn stellt er sich also einen Philosophen vor, der in seinem neu konzipierten Staat die Herrschaft übernehmen müsste. Da aber ein solcher Mensch ein absoluter Einzelfall ist, muss uns der von ihm entworfene Idealstaat als Utopie vorkommen. Platon selbst muss das auch schon klar gewesen sein; deshalb setzt er in seinen *Gesetzen* noch einmal ganz neu an.

Hier gründet er aufs Neue einen Staat, der mehr der Realität verpflichtet sein soll: Um das zu betonen, erfindet er die Situation, dass einer der Gesprächspartner des Atheners gerade die Aufgabe bekommen habe, Gesetze für eine neu zu gründende Kolonie zusammenzustellen. Herrscher soll in diesem neu erdachten Staat nicht ein gottgleicher Mensch sein – als einen solchen muss man sich ja den von Platon beschriebenen Philosophen vorstellen –, sondern nur einer, dessen Herrschaft auf Gesetzen fußt, die göttlichen Ursprungs sind, und der, seiner Vernunft folgend, diesen Gesetzen immer selbst gehorcht hat und damit dem Gott ähnlich geworden ist. Immer wieder betont er aber, dass der nun entworfene Staat nur ein zweitklassiger werde, und erklärt so indirekt den in seinem *Staat* beschriebenen zur ersten Wahl. Dem in den *Gesetzen* beschriebenen hat er deutlich Züge der spartanischen Verfassung beigegeben, die – so wird es schon aus der *Apologie* und später hier in den *Gesetzen* deutlich – in vielen Zügen seine Zustimmung erfahren hat.

Doch kehren wir zu unseren Wanderern zurück! Wie angekündigt, beginnt der Athener nun mit der eigentlichen Gesetzgebung: Er unterscheidet zwei Hauptbestandteile:
1. die richtige Besetzung der Obrigkeitsämter,
2. die Gesetze, die von dieser Obrigkeit zu handhaben sind.

Ziel der Verfassung ist: durch Tüchtigkeit und nicht durch Macht und Reichtum erworbenes Glück.

Ich werde Ihnen hier nur weniges von den in den Büchern 5-9 entworfenen Gesetze vortragen, bevor ich dann das 10. Buch genauer bespreche, in dem es um die sogenannte Theologie Platons geht.

Bevor man an die Wahl der Obrigkeiten gehen kann, muss das vorhandene Land möglichst gerecht verteilt werden. Es sollten Landlose vergeben werden. Die Armutsgrenze soll beim Wert des am Anfang erlosten Landstückes liegen; die Grenze des Reichtums soll bei höchstens dem vierfachen Wert des ursprünglichen Landbesitzes liegen. Danach erfolgt die Einteilung in vier Vermögensklassen (ein-, zwei-, drei- und vierfacher Wert des Besitzes).

Was die Besetzung der Obrigkeit betrifft, werde man im konkreten Fall der kretischen Staatsgründung tüchtige Männer aus Knossos damit beauftragen müssen, da die Bevölkerung noch keine Gelegenheit gehabt habe, sich gegenseitig kennenzulernen und somit sinnvoll zu wählen.

Die Wahl der künftigen Obrigkeiten soll im höchsten Tempel stattfinden, nachdem man tüchtige Männer gefunden hat, sie zu leiten und zu beaufsichtigen. Man will einen Rat von Bürgern einrichten, in dem die vier Vermögensklassen gleichmäßig berücksichtigt werden. Dadurch will man eine Mitte zwischen monarchischer und demokratischer Einrichtung finden.

Die Gesetze über das gesamte Religionswesen müssen vom Orakel in Delphi eingeholt werden. Das wichtigste Amt im Staate ist das des Erziehungsministers; denn die richtige Leitung von Jugend an ist die bedeutendste Aufgabe. Besondere Sorgfalt muss auch bei der Wahl von Richtern walten; denn ein Staat ohne ein gerechtes Gerichtswesen ist kein Staat. Damit ist das Wichtigste über die Einsetzung der oberen Behörden gesagt. Wichtig bleibt, dass alle Gesetze bei der Übernahme durch die jeweils folgende Generation immer wieder hinterfragt und verbessert werden.

Nun soll es an die Abfassung der Gesetze gehen, die durch die oberen Behörden einzusetzen sind. Auch hier will man mit den Religionsgesetzen beginnen. Dazu bringt der Athener die schon zu Anfang angesprochene

Landverteilung wieder in Erinnerung: Praktischerweise soll die Gesamtzahl der zu verteilenden Grundstücke 5040 betragen. – Diese Zahl ist mit Ausnahme der 11 durch alle Zahlen von 1-12 teilbar. -- Der 12. Teil des gesamten Landes, eine sogenannte Phyle, ist jeweils einem Gott zu weihen. An den Altären der Götter soll man sich regelmäßig treffen, nicht nur um die Götter zu ehren, sondern auch zu dem Zweck, Freundschaften zu schließen und Ehen anzubahnen.

Die sich anschließenden Gesetze folgen nun in ihrer Reihenfolge dem Verlauf des menschlichen Lebens. Am Anfang stehen die Ehegesetze. Wie schon in seinem *Staat*, so spricht Platon auch hier der Frau wesentlich mehr Rechte zu als zu seiner Zeit üblich. Wichtigste Aufgabe in den ersten zehn Ehejahren soll die Kinderzeugung sein.

Darauf folgt die Kindererziehung: Denn wenn man nicht auch das Privatleben gesetzlich erfasste, wäre es nicht möglich, Gesetze für den ganzen Staat verbindlich zu machen. Vieles, worauf man bei der Kindererziehung vom Säuglingsalter an achten muss, ist selbstverständlich. Es gehört somit zu den sogenannten *ungeschriebenen Gesetzen*. Doch nur eine Gesetzgebung, die mit diesen althergebrachten Gesetzen in Einklang steht, kann eine gute sein.

Wie in Platons *Staat* sind auch in seinen *Gesetzen* gymnastische und musische Bildung die Haupterziehungsgegenstände. Dabei wird besonderer Wert auf die richtige Auswahl des Lernstoffes gelegt. Mädchen und

Jungen sollen die gleiche Erziehung erhalten. Pflichtgegenstände des Unterrichts sind auf jeden Fall Lesen, Schreiben und das Leierspiel. Schwierig wird die Auswahl der richtigen Lektüre sein; denn die der alten Klassiker berge gleichermaßen Nutzen und Schaden in sich.

Drei weitere Unterrichtsgegenstände sind Arithmetik, Geometrie und Astronomie. Nicht jedem sei es gegeben, auf diesen Gebieten alles zu begreifen. Doch das Nötigste davon zu lernen ist Pflicht. Die verbreitete Meinung, eine Beschäftigung mit der Astronomie sei nicht erlaubt, weil man damit die Götter kränke, sei zu überwinden. Das Gegenteil sei richtig: Man beleidige die Götter vielmehr, wenn man Falsches über sie verbreite, was notwendig geschehen müsse, wenn man sich nicht mit Astronomie beschäftige; denn die Gestirne seien Göttern gleichzusetzen. So spreche man z.B. fälschlicherweise bei vielen Gestirnen von *Planeten*, umherirrenden Sternen, so als folgten sie nicht einer festen Bahn. Außerdem schätze man ihre Geschwindigkeit falsch ein. Täte man das ebenso bei den Olympiakämpfern, so würden diese empört dagegen aufbegehren. So müssten es also auch die Götter tun.

Nach der Formulierung vieler anderer Gesetze soll es schließlich um das Gerichtswesen gehen: Eigentlich sollte man annehmen, dass Bürger, die von Kind an zur Vernunft erzogen worden seien, keiner Strafandrohungen bedürften; doch es werde auch immer Menschen geben, die aus der Art geschlagen seien.

Zunächst soll es um Tempelraub gehen. Hier ist es besonders wichtig, ein Vorwort voranzustellen, durch das jemand, den es zu einer solchen Tat gelüstet, zur Vernunft gebracht werden soll. Ist das nicht möglich, muss ihm klargemacht werden, dass dann der Tod für ihn das Beste sei.

Strafen sollen dazu dienen, den Schuldigen entweder zu bessern oder aber einer möglichen Verschlimmerung vorzubeugen. Keine Strafe darf mit dem Einzug des erlosten Landbesitzes einhergehen; anderenfalls würde dem Beschuldigten, seiner Familie und seinen Nachkommen die Lebensgrundlage entzogen.

Als der Athener damit fortfährt, Dieben – egal wie groß ihre Beute ist – die gleiche Strafe aufzuerlegen wie Tempelräubern, begehrt der Kreter auf: Es könne doch nicht sein, dass man alle Verbrechen über einen Kamm schere. Für diesen Einwand ist der Athener dankbar; denn nun kann er in einem Exkurs deutlich machen, dass in diesem neu zu gründenden Staat andere Grundsätze gelten sollten als bisher. Noch einmal greift er auf das Beispiel mit den zwei Arzttypen zurück: Wie ein Arzt, der mit seinem Patienten das weitere Vorgehen umsichtig bespricht und nicht einfach von oben herab etwas anordnet, so sollten auch die Gesetzgeber wie liebende Eltern die Bürger in Güte überzeugen und nicht wie Gewaltherrscher von oben herab befehlen. Es sei nur gut, dass man nun Zeit habe und noch kein konkreter Fall zu einer Entscheidung dränge. So könne man weit ausholen; man sei schließlich Anfänger in diesem Geschäft.

Wichtigste Voraussetzung für die erneute Inangriffnahme des Strafenkatalogs ist der Grundsatz: Niemand tut absichtlich Unrecht. Diese Voraussetzung sei für ihn unabdingbar, sagt der Athener.

Hauptanliegen des Gesetzgebers müsse es sein, das Zufügen von Schaden von vornherein zu verhindern. Käme es aber doch dazu, müsse er darauf achten, dass der Schaden möglichst wieder gutgemacht werde und Verursacher und Geschädigter sich wieder miteinander versöhnten. Jedem Verbrechen liege eine Krankheit der Seele zugrunde, die es zu heilen gelte. Sei die Krankheit aber unheilbar, müsse die Todesstrafe verhängt werden.

Der Athener kommt noch einmal auf den Unterschied zwischen absichtlich und unabsichtlich begangenem Verbrechen zurück. Eine der Hauptursachen des absichtlichen Verbrechens sei Unwissenheit. Und diese Unwissenheit falle besonders negativ ins Gewicht, wenn der Täter von seinem vermeintlichen Wissen überzeugt ist und auch andere davon überzeugen will.

Im Vorwort für die Bestrafung von Tempelraub und damit von Gottesfrevel führt der Athener drei Gründe an (885b4ff), aus denen Menschen absichtlich mit Wort und Tat gegen die Gesetze verstoßen könnten:

1. Sie glauben nicht an Götter.
2. Sie glauben zwar an Götter, meinen aber, dass die Götter sich nicht um die Menschen kümmern.

3. Sie hoffen, mit Gebeten und Opfern die Götter bestechen zu können.

Meistens handle es sich bei den Tätern um junge Leute, die den Gesetzgeber höhnisch dazu auffordern würden, ihnen erst einmal das Gegenteil von alldem zu beweisen; denn dieser behaupte ja schließlich, dass er von der Richtigkeit seiner Gesetze überzeugen und nicht von oben herab befehlen wolle. Der Kreter hält es darauf spontan für leicht, diese Frevler von der Existenz von Göttern überzeugen zu können. Die Götter hätten schließlich das gut funktionierende Weltall geschaffen; außerdem glaubten nicht nur die Griechen, sondern auch alle übrigen Völker an ihre Existenz.

Doch der Athener zeigt ihm sogleich, dass das nicht so leicht sein werde, wie er sich das vorstelle: Man merke, dass seine beiden Gesprächspartner nichts von den vielen negativen Einflüssen wüssten, denen die Jugend in Athen ausgesetzt sei. – Das ist ein Hinweis darauf, dass von den zahlreichen kulturellen Strömungen, denen Athen ausgesetzt war, nichts nach Sparta und Kreta gedrungen war. – Der Athener sieht in dieser Abgeschiedenheit einen Vorteil der spartanischen Verfassung. Athen dagegen stehe unter dem Einfluss der alten Dichter und – wie er sie nennt – *neuer junger Weiser*. Diese beeinflussten die Jugend dort negativ. Da die alten Dichtungen aber vielen teuer seien, wolle er sie hier nicht kritisieren. Schlimmer sei der Einfluss derer, die sich selbst für weise hielten und dabei gefährliche Lehren verbreiteten: Die Gestirne – so sagten sie –, seien leblose

Steine, die sich niemals um menschliche Angelegenheiten kümmern könnten.

Die Wandergefährten sehen die Gefahren, die sich aus alledem für die Jugendlichen ergeben, und fordern den Athener nachdrücklich dazu auf, alles daran zu setzen, ihnen die Existenz guter Götter zu beweisen. Dafür sollten sie sich – wie schon bei anderen Dingen vorher – viel Zeit lassen.

Der Athener fürchtet, selbst leicht in Rage zu geraten, wenn er jemanden, der die Existenz von Göttern leugne, vom Gegenteil überzeugen solle. Deshalb will er seine Ansprache nur an einen einzelnen Jugendlichen richten und ihm vorsichtig zureden. Zunächst will er ihm klarmachen, dass auch früher schon Menschen in ihrer Jugend nicht an Götter geglaubt hätten. Er habe jedoch noch keinen kennengelernt, der dieser Ansicht noch im Alter treugeblieben sei, wenn auch der eine oder andere von ihnen später noch in dem Glauben gewesen sein könnte, dass er die Götter durch Opfer oder Gebete beeinflussen könne.

Nun wendet sich also der Athener an einen fiktiven Jugendlichen, um die drei genannten Beweggründe zu widerlegen:

1. Dem reinen Atheismus begegnet er, indem er an der Lehre der *neuen Weisen* zeigt, dass diese der Materie vor dem Geist den Primat zusprechen: Für sie sind die göttlichen Gestirne leblose Brocken und die Geistesleistungen – zu denen übrigens auch die Gesetzgebung gehört – zweitrangig. So will nun der Athener seinen

Weggenossen, die er jetzt wieder mehr ins Gespräch einbezieht, zeigen, dass der Geist bzw. die Seele ursprünglicher ist als die Materie.

Vorher richtet er noch ein Stoßgebet an die Götter, sie mögen ihm beistehen, wenn er jetzt daran gehe, ihre Existenz zu beweisen. Zunächst stellt er fest, dass es Ruhendes und in Bewegung Befindliches gibt. Aus ihrem Aufeinandertreffen entsteht Neues, und anderes geht dabei zugrunde. Von den zehn Bewegungsarten, die er unterscheidet, nennt er die primär, die sich selbst und anderes in Bewegung setzen kann. Durch sie werden auch alle anderen sich bewegenden Körper bewegt. Das sich selbst Bewegende kann man auch als beseelt oder als lebendig bezeichnen. Damit ist die Seele erwiesenermaßen der Ursprung allen Seins. Alle aus ihr bewegten Körper sind als sekundär anzusehen.

Wenn die Seele bei ihren Bewegungen die göttliche Vernunft zu Rate zieht, schlägt sie den richtigen Weg ein. Dass auch das All durch eine vernünftige Seele geleitet wird, kann man daran sehen, dass es sich um eine Mitte bewegt und einer wohlgedrechselten Kugel gleicht.

Wenn die Seele das gesamte All bewegt, muss sie auch die einzelnen Himmelskörper bewegen. Die Seele ist also ein höheres Wesen als die einzelnen Gestirne. Sie ist eine göttliche Macht. Somit sei die Existenz des Göttlichen erwiesen. Für die Atheisten ergebe sich daraus, dass sie nun auch an Götter glauben sollten; anderenfalls müssten sie ihrerseits die drei alten Wanderer eines Besseren belehren.

2. Auslöser der Meinung, dass es zwar Götter gibt, sie sich aber nicht um die Menschen kümmern, ist meistens die Beobachtung, dass oft gerade die frevelhaftesten Menschen in höchstem Ansehen stehen und anscheinend glücklich sind. Wenn man aber voraussetzt, dass Gott vollkommen ist, sei es unsinnig zu behaupten, er vernachlässige die geringeren Teile des großen Ganzen. Das Geringere ist aber des Ganzen wegen da und ihm untergeordnet; so würde auch jeder Handwerker die kleineren Teile um des akkuraten Ganzen willen sorgfältig bearbeiten. Und was ein gewissenhafter Mensch kann, das kann Gott schon lange. Diese Argumentation ergänzt der Athener zusätzlich durch einen Mythos: Er stellt sich Gott wie einen Brettspieler vor, der mit *wunderbarer Leichtigkeit* (904a3) die Seelen der Menschen, die ja nach jedem Leben in einen anderen Körper wechseln, je nach ihrem Verhalten verschiebt. Ist jemand charakterlich besser geworden, so kommt er an einen höher gelegenen Ort, den Himmel, hat er sich verschlechtert, wird er ins Innere der Erde, in den Hades, verschoben. Wer gleich geblieben ist, bleibt auf der Erde. So hat es jeder selbst in der Hand, glücklich zu werden, indem er seine Seele zum guten Handeln antreibt.

Nicht der Gott also, sondern ein jeder bestimmt das ihm zukommende Los selbst. Das gilt auch für die, von denen man sieht, dass sie in Saus und Braus leben, obwohl sie offensichtlich schwer gefrevelt haben. Man kann aus menschlicher Sicht kein Urteil gegen sie abgeben, weil man nicht weiß, was diese Menschen zum Zusammenwirken des Ganzen beitragen.

3. Wer sich – so sagt der Athener nun – von ihnen, den drei alten Männern, noch nicht hat überzeugen lassen, der soll nun gut zuhören, was sie zu denen sagen, die meinten, die Götter durch Opfer und Gebete umstimmen zu können. Jeder macht sich lächerlich und frevelt damit, der die Götter mit Menschen vergleicht, die sich unkorrekt verhalten, weil sie sich einen Gewinn davon versprechen. Denn die Götter sind die besten Wächter und Bewahrer, die man sich denken kann. Wer sie des Betrugs beschuldigt, muss der *Asebie* angeklagt werden; denn Götter darf man nicht solcher Gottlosigkeit bezichtigen.

Damit hat der Athener den Gottesleugnern seine Position klargemacht. Alle der *Asebie* Beschuldigten sollten sich nun auf die Seite der Gottesfürchtigen schlagen.

Es folgen die Gesetze für diejenigen, die sich nicht überzeugen lassen wollen. Zunächst sollte jeder Fall von Gottlosigkeit gemeldet werden. Beamte, die einer solchen Meldung nicht nachgingen, sollten ihrerseits bestraft werden. Die erste Strafe für jeden Beschuldigten ist ein Aufenthalt in einem der drei dafür vorgesehenen Gefängnisse. Das erste Gefängnis liegt direkt am Markt. Es liegt also zentral und bietet die Möglichkeit zu Kontakten mit Freunden und Angehörigen. Das zweite Gefängnis ist eine sogenannte Besserungsanstalt. Es liegt nahe dem Treffpunkt eines gewählten Rates, dessen Mitglieder die Gefangenen durch Gespräche bessern sollten.

Das dritte Gefängnis soll in wilder Umgebung liegen und die Gefangenen von jeder Kommunikation ausschließen.

Die Schwere der Strafe richtet sich nach dem jeweiligen Grad, den die *Asebie* bei den einzelnen angenommen hat: Am besten kommen diejenigen weg, die zwar nicht an Götter glauben, aber trotzdem kein Unrecht tun. Die Höchststrafe gilt für solche, die zwar auch trotz ihres Unglaubens offen kein Unrecht begehen, aber auf verschlagene und arglistige Weise die Gottesfürchtigen negativ beeinflussen und sie zum Unrechttun anstiften. Zu ihnen werden neben Zauberern, Wahrsagern, Heerführern und Tyrannen auch die Sophisten gerechnet.

So hat sich hier der Kreis geschlossen: Eben die Sophisten, durch deren Wirken Sokrates damals zum Tode verurteilt worden ist, sind hier selbst in den Fokus des Gesetzes geraten. Ihnen gebührt die Höchststrafe, der Tod. Man könnte also zugespitzt sagen, dass Platon hier in seinem letzten Werk nachholt, was sein Lehrer Sokrates damals so kurz vor seinem Tod nicht mehr hatte leisten können: Er hat nicht nur denjenigen, die Sokrates damals zum Tode verurteilt haben, sondern auch den Richtern in seiner eigenen Zeit gezeigt, was sein Lehrer mit der Aussage, niemand tue absichtlich Unrecht, gemeint hatte. Damit hat er eine Umkehrung der Verhältnisse bewirkt: In seinem von göttlichen Gesetzen und damit von der Vernunft beherrschten neuen Staat hätten sie, die Richter, die Höchststrafe erlitten.

Sie werden gemerkt haben, dass Platon in diesem seinem letzten Werk Sokrates nicht wie sonst meistens als Gesprächsführer einsetzt. Das geht ja deshalb nicht, weil er hier das Urteil gegen ihn und seinen Tod voraussetzen muss. An die Stelle des Sokrates tritt in den *Gesetzen* der Athener. Er hat seinem kretischen Gastgeber und dem Spartaner das Thema vorgeschlagen und leitet das Gespräch. Über weite Strecken belehrt er seine Mitwanderer, indem er sie besonders dort, wo es sich um schwierigere Zusammenhänge handelt, ins Gespräch einbezieht, so wie auch Sokrates es einst getan hatte.

Der Athener wird in diesem Dialog nur als *athenischer Gastfreund* bezeichnet, während die beiden anderen von ihm mit Namen angeredet werden. Vielleicht verbirgt sich ja Platon selbst hinter diesem anonymen athenischen Gastfreund. Platon, der hier noch einmal mit allen ihm zur Verfügung stehenden Argumenten seinen verehrten Lehrer Sokrates postum vom Vorwurf der Asebie reinwäscht und ihn damit rehabilitiert.

Literatur

Platonis opera ed. Burnet, Bd. 5, Oxford 1959

Platon: Die Gesetze, übers. von F. Susemihl in: Platons sämtliche Werke Bd. 2, Wien, 1925

Platon: Nomoi, übers. von Hieronymus Müller in: Sämtliche Werke, Bd. 6, Hamburg, 1959

Paul Friedländer: Platon, Bd. 3, Berlin 1960

Konrad Gaiser: Zur Hermeneutik der platonischen Dialoge in: Gesammelte Schriften S. 57 ff., Sankt Augustin 2004

Annrose Niem: Weiß auch ich, dass ich nichts weiß?, Norderstedt 2013

Annrose Niem: Gerechtigkeit unter der Lupe, Norderstedt 2014

H. Pleticha/O. Schönberger: Die Griechen, Berg. Gladbach 1988

Von der Autorin sind in derselben Reihe bei BoD auch folgende Broschüren mit populärwissenschaftlichen Vorträgen
erschienen:

- 2010: **Seneca und Plinius.** Zwei Vorträge zu antiken
  Themen im Stadtmuseum Quakenbrück: Der erste
  Vortrag bietet eine Einführung in Senecas Philosophie
  an Hand der Trostschrift an seine Mutter Helvia; der
  zweite stellt den Jüngeren Plinius vor und hat seine
  beiden Briefe über den Vesuvausbruch im Jahr 79
  zum Schwerpunkt.
- 2011: **Weltall, Erde und Mensch bei Plinius dem
  Älteren**: Thema sind Leben und Werk Plinius des
  Älteren. Im Mittelpunkt steht seine große naturwissen-
  schaftliche Enzyklopädie, die *Naturalis Historia*.
  Nach einem Seitenblick auf die Herstellung eines
  antiken Buches geht es besonders um die Vorstellun-
  gen von Kosmos, Erde und Mensch des ersten nach-
  christlichen Jahrhunderts, die uns Plinius in seinem
  Werk vermittelt.

Diese beiden Bände sind 2014 in dem Sammelband mit dem
Titel **Seneca – stoischer Betonkopf oder einfühlsamer
Lebensberater?** erschienen. ISBN: 978-3-7357-3705-2

- 2012: **Atlantis – Phantom oder Wirklichkeit?** Wie
  ein Text aus dem vierten vorchristlichen Jahrhundert
  noch heute die Wissenschaft in Atem hält: ISBN: 978-
  3-8448-1118-6: Im Mittelpunkt steht die Atlantis-
  Erzählung des griechischen Philosophen Platon. Die
  Frage, ob sie auf historisch-geografischen Tatsachen
  beruht oder eine Fiktion ist, hat schon viele Generati-
  onen beschäftigt. Einen besonderen Reiz hat sie für
  die späteren Interpreten dadurch bekommen, dass die
  Insel in Folge einer weltweiten Katastrophe an nur
  einem Tag im Meer versunken sein soll. Diejenigen,
  die Insel und Katastrophe für historisch halten, haben
  natürlich die Beweislast und müssen ihre Hypothesen

historisch-geografisch und naturwissenschaftlich untermauern.

- 2013: **Weiß auch ich, dass ich nichts weiß?** – Gedanken zu Sokrates und Platon: ISBN: 978-3-8482-5785-0: Anhand Platons *Apologie des Sokrates* sowie seiner Dialoge *Euthyphron, Theätet, Kriton, Phaidon* und des Höhlengleichnisses aus dem *Staat* wird der Frage nachgegangen, was es mit dem Ausspruch des Sokrates „Ich weiß, dass ich nichts weiß" auf sich hat.

- 2014: **Gerechtigkeit unter der Lupe** – Was wir in Platons *Staat* über Gerechtigkeit und Ungerechtigkeit erfahren: ISBN: 978-3-7322-8403-0: Der Titel dieses Vortrags erklärt sich daraus, dass Sokrates in Platons *Staat* für eine Definition von Gerechtigkeit beim einzelnen Menschen die Gerechtigkeit im Staat quasi als Vergrößerungsglas benutzt. Dafür lässt er vor seinen Zuhörern das Bild eines neuen, eines gerechten Staates entstehen. Gefragt, ob die Verwirklichung eines solchen Staates möglich sei, nennt Sokrates drei Bedingungen: die Gleichberechtigung der Frau, Frauen- und Kindergemeinschaft und die Herrschaft von wahren Philosophen.

- 2015: **Hat das Delphische Orakel den Lyderkönig Krösus falsch beraten?** ISBN: 978-3-7347-6057-0: Über ein Jahrtausend fanden Privatleute und Politiker aus ganz Griechenland und der angrenzenden Welt Rat beim Apollon-Orakel in Delphi. Sie kamen dorthin auf oft langen, beschwerlichen Wegen: zu Pferd, in der Kutsche, auf einem Schiff oder auch zu Fuß. So konnten sie sich lange Gedanken darüber machen, wie sie ihre Fragen an den Gott genau formulieren sollten, und auch schon darüber, wie die Antwort ausfallen könnte. Direkt vor der Befragung fiel ihr Blick in der Vorhalle des Tempels auf die berühmten Sprüche von Weisen, allen voran das „Erkenne dich selbst!". Diese Aufforderung verwies sie in ihre engen Grenzen als unwissende Menschen gegenüber dem allwissenden Gott. In dieser Haltung sollte auch die Antwort, die ihnen die Pythia gab, gedeutet werden.

- 2016: **Quakerich eilte zu Hilfe** – Der pseudohomerische Frosch-Mäuse-Krieg: ISBN: 978-3-7392-3067-2: Der *Frosch-Mäuse-Krieg*, ein kleines Epos von knapp 300 Versen, ist wahrscheinlich in hellenistischer Zeit entstanden. Lange Zeit diente er als Schullektüre; dieser Tatsache verdanken wir, dass das Werk überhaupt auf uns gekommen ist, andererseits gibt es deshalb zahlreiche Varianten, so dass der Text zeitlich nur schlecht eingeordnet werden kann. In diesem Vortrag geht es auch um die beiden homerischen Epen *Ilias* und *Odyssee*, die im *Frosch-Mäuse-Krieg* parodiert werden.

- 2017: **Platonische Liebe** – Ein Gang durch Platons Symposion: ISBN: 978-3-7431-6395-9: Der Ausdruck „Platonische Liebe" dürfte allgemein bekannt sein. In diesem Vortrag über Platons Symposion soll der Herkunft der Bezeichnung nachgegangen werden. Im Symposion wird in gastlicher Atmosphäre zunächst bei mäßigem Weingenuss über das Thema Eros/Liebe diskutiert, bis die Versammlung schließlich von einem ehemaligen Schüler des Sokrates in feucht-fröhliche Bahnen gelenkt wird. Dadurch wird die Diskussion über die Liebe zu einem ungeahnten, aber aufschlussreichen Ende geführt.

- 2018: **Heute gehen wir ins Theater!** – Die antiken Wurzeln des europäischen Theaters: ISBN:978-3-7460-6560-1: Nach einer Einführung in die Theaterpraxis im alten Griechenland werden zunächst die drei Tragiker Aischylos, Sophokles und Euripides vorgestellt. Dann werden die Leser in eine Aufführung des sophokleischen "König Ödipus" mitgenommen. Zum Schluss folgt eine Vorführung der „Frösche" des Komödiendichters Aristophanes.